NOTICE

SUR

M. ALFRED ARMAND

ARCHITECTE

PAR

GEORGES DUPLESSIS

PORTRAIT GRAVÉ PAR CH. BELLAY

D'APRÈS ALEX. CABANEL

PARIS

TYPOGRAPHIE DE E. PLON, NOURRIT ET Cie

8, RUE GARANCIÈRE

1888

NOTICE

SUR

M. ALFRED ARMAND

NOTICE

SUR

M. ALFRED ARMAND

ARCHITECTE

PAR

GEORGES DUPLESSIS

PORTRAIT GRAVÉ PAR CH. BELLAY

D'APRÈS ALEX. CABANEL

PARIS

TYPOGRAPHIE DE E. PLON, NOURRIT ET Cⁱᵉ

8, RUE GARANCIÈRE

1888

ALFRED ARMAND

ARCHITECTE

A l'Exposition nationale qui eut lieu en 1883, la seule
d'ailleurs que le Gouvernement ait organisée, au milieu de
la salle dans laquelle M. A. Cabanel avait réuni ses plus
récents ouvrages, se voyait un grand portrait en pied qui
attira l'attention et qui provoqua l'admiration de tous les
artistes. Ce portrait était non seulement une œuvre de haut
mérite, une de ces peintures qui suffiraient à justifier la
réputation d'un maître, c'était encore une peinture exécutée
en vue de sceller publiquement les liens de profonde estime
qui unissaient deux amis. Ce portrait offrait un autre
attrait : il reproduisait avec une fidélité absolue la physio-
nomie aimable, l'allure simple d'un artiste et d'un amateur qui, après avoir passé la première partie de son existence à travailler sans répit, se reposa en consacrant tout
son temps à la recherche des œuvres de haut goût sous
quelque forme qu'elles se présentassent. Cet homme, assis
dans son fauteuil auprès d'une table sur laquelle se voient
un cadre rempli de médailles italiennes, des terres cuites
de Tanagra, des livres anciens et un ouvrage tout récent,
ayant à côté de lui, par terre, un portefeuille ouvert qui laisse
entrevoir les plans de la *Gare Saint-Lazare* et du *Grand*

Hôtel, était M. Alfred Armand, architecte fort habile, amateur éclairé des beaux-arts, érudit de haute valeur, qui fut enlevé à l'affection de ses amis le 27 juin dernier.

Né à Paris le 8 octobre 1805, Armand avait été élève de MM. Provost et Achille Leclère; entré à l'École des beaux-arts le 22 janvier 1827, il eut, à peine ses études furent-elles terminées, la direction de grands travaux. Au collège de Juilly, où il avait été élevé, il s'était lié avec Émile Clapeyron, qui, de concert avec MM. de Rothschild et Pereire, prit une grande part à la création des chemins de fer et qui confia à son ancien condisciple, devenu architecte, la construction de toutes les gares des lignes de Saint-Germain et de Versailles. Aujourd'hui, personne n'ignore les besoins sans nombre auxquels doit répondre l'architecte chargé d'édifier une gare de chemin de fer; l'expérience est faite, les différentes exigences du service sont connues, et l'administration peut fournir à l'artiste qu'elle choisit un programme complet que celui-ci n'a plus qu'à exécuter. Au moment où M. Armand construisait les gares qui lui étaient demandées, il en était tout autrement. Les administrateurs lui soumirent bien leurs idées, lui dirent bien ce qu'ils croyaient être nécessaire, mais, comme on n'avait encore élevé nulle part des édifices de ce genre, l'artiste qui avait la direction de ces monuments d'un usage tout nouveau avait à remplir une tâche singulièrement délicate : il devait, pour ainsi dire, tout créer; il ne pouvait interroger aucune œuvre analogue, il lui fallait deviner les nécessités multiples du service pour pouvoir y faire face et répondre à la confiance qu'il avait inspirée en distribuant commodément ces monuments pour le public, qui devait y trouver un accès facile, et pour le personnel qui y était employé, appelé à répondre à des besoins chaque jour plus nombreux. On sait comment M. Armand se tira de cette lourde tâche. Non seulement les gares secondaires de ces deux lignes subsistent, mais la gare Saint-Lazare elle-même, construite en 1841 et 1842, — qu'on n'oublie pas ces dates, — servait encore l'année dernière à toute une partie importante du service de la banlieue et à tous les services des grandes lignes. Si le réseau du chemin de fer de l'Ouest a plus que décuplé depuis quarante ans et si des adjonctions indispensables ont été faites depuis longtemps à la gare de Paris, l'année dernière seulement on a entrepris de reconstruire une gare absolument neuve, sur un plan nouveau, en faisant usage de tous les perfectionnements modernes, et le monument de cette nature élevé par M. Armand, le premier qui ait été construit à Paris, est demeuré debout pendant plus de qua-rante années, attestant l'effort heureux d'un architecte fran-çais dans un genre de constructions précédemment inconnu. Non seulement dans cette gare le service s'effectuait avec facilité, mais il est telle salle, la grande salle, par exemple, ayant son entrée sur la rue d'Amsterdam, qui accusait, chez un débutant, un savoir véritable et des connaissances archi-tectoniques que n'aurait pas désavouées un artiste éprouvé.

Une fois que la gare Saint-Lazare fut achevée, M. Ar-mand se trouva tout désigné pour diriger la plupart des constructions de ce genre qui s'élevaient un peu partout. L'inauguration des voies ferrées avait été un gros événe-ment dont on n'avait pas compris tout d'abord l'importance économique. On avait considéré au début cette tentative comme une innovation téméraire, sans chance sérieuse de succès, sans avenir ; ces préventions tombèrent d'elles-mêmes lorsque l'on se rendit un compte exact des avantages sans nombre que présentait ce moyen de transport rapide, offrant aux voyageurs une sécurité suffisante et facilitant singulièrement les transactions commerciales. Ceux qui avaient le plus douté du succès de l'entreprise furent les premiers à applaudir, lorsqu'ils virent l'empressement que mirent les grands industriels à utiliser le nouveau mode de locomotion, et lorsqu'ils furent convaincus qu'il n'y avait pas plus de danger à voyager dans des wagons roulant sur des rails que dans de lourdes diligences parcourant péniblement les grandes routes souvent mal pavées. A peine le réseau de l'Ouest était-il inauguré que la ligne du Nord fut commencée. MM. de Rothschild et Pereire, qui avaient puissamment contribué à l'organisation du chemin de fer de l'Ouest, entreprirent, avec le concours des mêmes collaborateurs, la ligne du Nord, et M. Armand eut, sur ce réseau, les attributions qu'il avait eues sur l'autre. En 1845, il avait construit la gare de Saint-Germain en Laye. Il s'occupa d'élever pendant les années suivantes, 1846 et 1847, les gares d'Amiens, d'Arras et de Lille, puis successivement il donna les plans et surveilla les travaux des gares de Calais (1849), de Saint-Quentin (1850) et de Douai (1851).

La gare de Douai fut la dernière gare que construisit M. Armand. Au commencement de 1852, il fut chargé de présider à un travail d'un tout autre genre, qui lui permit de révéler une fois de plus ses aptitudes d'organisateur et de constructeur. MM. Pereire, qui avaient pu, mieux que personne, apprécier les éminentes qualités de l'architecte auquel ils avaient déjà fait souvent appel, conçurent le projet de faire élever à Paris un de ces hôtels immenses dans lesquels les voyageurs peuvent, à un bon marché relatif, trouver le confortable nécessaire, une de ces habitations où toutes les exigences de la vie matérielle sont satisfaites moyennant une dépense qui, partagée entre beaucoup de monde, devient moins forte pour chacun et, par là même, accessible à plus de bourses. MM. Pereire expliquèrent longuement à M. Armand leur projet, et, quelque difficile que fût cette tâche, quelque compliqué que fût le programme, l'architecte de la gare Saint-Lazare accepta avec empressement cet important travail, qui nécessitait des études toutes nouvelles pour lui, mais qui, par sa difficulté même, tentait son esprit investigateur et répondait à son besoin d'activité incessant.

L'entreprise était hardie; il n'existait encore à Paris aucun de ces hôtels où peuvent loger à l'aise trois cents personnes, où peuvent se donner des repas de corps, où chacun, selon ses moyens, peut trouver un asile convenable, depuis le modeste voyageur à qui une chambre suffit, jusqu'au grand seigneur qui tient à avoir un appartement complet et qui veut mener à Paris le train qu'il mène chez lui. Des grands et des petits salons de lecture, des cafés, des salles de jeu étaient nécessaires pour permettre aux voyageurs de se réunir et de se récréer, comme des salles à manger de dimensions différentes étaient indispensables pour satisfaire ceux qui voulaient prendre leurs repas en commun ou ceux qui désiraient rester en famille. Les dispositions que M. Armand adopta sont excellentes : autour d'un quadrilatère formant une cour couverte se développaient tous les services de l'hôtel. Au premier étage donnant sur la place du Palais-Royal et sur la rue de Rivoli, étaient disposés tous les grands appartements destinés à recevoir les personnages de distinction accompagnés d'une suite nombreuse, ou les familles riches désireuses de retrouver à Paris le confortable auquel ils étaient accoutumés chez eux. A ce même étage étaient aménagés la grande salle à manger, le grand salon de lecture, les cafés et les salles de jeu, dans lesquels avaient accès tous les voyageurs, quel que fût le logement qu'ils occupassent; les étages supérieurs renfermaient les petits appartements ou les chambres isolées, auxquels donnaient accès de vastes escaliers aboutissant à des corridors de large dimension, éclairés de place en place par le haut, sur lesquels ouvraient toutes les portes. Le rez-de-chaussée et l'entresol étaient occupés par de spacieuses boutiques destinées à être louées isolément, qui furent dans la suite réunies et qui formèrent le berceau de ces immenses magasins du Louvre qui ont aujourd'hui envahi tout l'hôtel; les sous-sols renfermaient les cuisines, les salles à manger des employés, les approvisionnements de toute sorte indispensables dans un hôtel où l'on doit faire face à tant de besoins divers, et les caves proprement dites, qui occupaient à elles seules un espace considérable. Cet hôtel, commencé en 1852, fut terminé dans les premiers mois de 1855. En moins de trois années, M. Armand avait conçu les plans, dirigé les constructions et présidé à tous les aménagements qu'exigeait un bâtiment de cette importance. Il livrait l'hôtel que lui avaient commandé MM. Pereire à l'époque fixée, et, grâce aux bonnes dispositions adoptées, les voyageurs venus à Paris de tous les coins du monde pour visiter l'Exposition universelle affluèrent dans cet immense hôtel, où ils trou-

vaient réunies toutes les commodités de la vie, sans avoir à
supporter des dépenses exagérées. Tout le monde félicita
l'architecte de la clarté de son plan, du bon aménagement
des services, du confortable des logements, et les propriétaires de l'immeuble ne furent pas les derniers à témoigner
leur satisfaction à l'homme de haute intelligence qui avait
si bien compris leurs intentions et réalisé leurs rêves.

Dans les dernières années de sa vie, M. Armand eut la
tristesse d'assister à la transformation ou à la destruction
des deux édifices qui avaient le plus contribué à sa réputation, et qui lui avaient valu l'estime des grands administrateurs qui avaient fait appel à ses hautes qualités. La gare
Saint-Lazare était démolie de fond en comble, l'hôtel du
Louvre était transformé en magasin de nouveautés et son
aménagement intérieur entièrement modifié. Heureusement
qu'un autre monument auquel demeurera attaché le nom
de M. Armand subsiste, et que chacun peut juger encore,
autrement que par le souvenir, de l'habileté singulière de
l'architecte à distribuer un édifice et de son aptitude à exécuter un programme complexe. Le *Grand Hôtel* du boulevard des Capucines fut le dernier monument construit sous
la direction de M. Armand. Avant d'être chargé de ce nouveau travail, il avait donné les plans et surveillé l'exécution
de plusieurs maisons particulières élevées boulevard du
Prince Eugène, boulevard Malesherbes, rue de Palestro et
dans le quartier Monceau; il avait en outre dirigé les travaux de l'hôtel de MM. Pereire, rue du Faubourg Saint-
Honoré, et avait apporté dans l'aménagement de ces édifices
toutes les ressources de son expérience et de sa haute intelligence. Avant tout il se préoccupait de rendre commodes

et confortables les logis qu'il était chargé de construire; il pensait avec raison que l'architecte, avant de songer aux agréments de son monument, doit l'approprier absolument à sa destination; l'artiste ne doit témoigner de son goût qu'au moment où le plan est bien arrêté et lorsque les conditions du programme sont entièrement remplies. L'hôtel de MM. Pereire, pour la décoration duquel M. Armand avait fait appel aux peintres et aux sculpteurs les plus habiles de notre temps, était à peine terminé que ses propriétaires eurent encore recours à lui pour mettre à exécution un nouveau projet qu'ils avaient conçu. Voyant le succès qu'obtenait l'hôtel du Louvre, ils entendaient faire élever sur les boulevards une construction analogue, plus confortable encore, si cela était possible, pour que les étrangers de passage à Paris pussent loger dans un quartier central, plus près des distractions de toute nature qu'offre la capitale. Le programme soumis à M. Armand différait un peu de celui qui lui avait été donné autrefois. En 1852, il s'agissait de construire un bâtiment immense pouvant recevoir un grand nombre de voyageurs. Cette fois, la construction, située au centre de la ville, auprès de l'Opéra, devait avoir un aspect monumental et devait contenir de grands appartements dans lesquels pourraient au besoin se loger des souverains de passage à Paris. Si l'on n'avait donné au luxe qu'une part relative dans l'*Hôtel du Louvre*, il s'agissait au contraire, dans le *Grand Hôtel,* de donner une part considérable à l'art proprement dit, et de confier aux maîtres les plus renommés le soin de décorer somptueusement les appartements dans lesquels on entendait attirer les souverains ou les grands seigneurs de tous les pays.

M. Armand se mit à cette nouvelle tâche avec son ardeur accoutumée, et, grâce à un système d'éclairage par l'électricité qui permettait de travailler aussi bien la nuit que le jour, il put achever en treize mois (1862) un monument qui, au premier abord, semblait devoir l'occuper plusieurs années.

Le terrain dont M. Armand disposait avait une forme toute différente de celui occupé par l'*Hôtel du Louvre;* au lieu d'un quadrilatère, M. Armand avait mission de couvrir une surface qui affectait la forme d'un immense triangle dont les côtés étaient formés par le boulevard des Capucines, par une partie de la rue Scribe et par le commencement de la rue Auber. Il aménagea la façade sur le boulevard pour les grands appartements, relégua les petits logements et les chambres sur les deux rues, plaçant dans le rez-de-chaussée surélevé de quelques marches, au fond de la grande cour couverte, la salle à manger et les salons de jeu et de conversation. Deux entrées spéciales sur la rue Scribe et sur la rue Auber donnaient accès dans des cours par lesquelles se faisait tout le service de l'hôtel. Les sous-sols, comme à l'*Hôtel du Louvre,* contenaient les cuisines, les offices, les caves et les magasins de toute sorte; le rez-de-chaussée et l'entresol, tant sur le boulevard que sur les rues, étaient occupés par des boutiques absolument indépendantes qui venaient ajouter un revenu considérable au produit particulier de l'hôtel. Tous les plans, coupes et élévation du *Grand Hôtel* ont été autographiés et forment un ouvrage précieux qu'ont consulté déjà et que consulteront longtemps encore les architectes chargés d'élever un monument appelé à avoir une destination analogue.

Le *Grand Hôtel* n'était pas encore complètement terminé
que M. Armand songeait déjà à prendre du repos ; il consa-
crait les rares loisirs que lui laissaient ses fonctions à s'occuper de l'histoire de l'art, qu'il avait aimée toute sa vie,
mais qu'il n'avait pu étudier qu'à bâtons rompus. Il visitait
les musées, un crayon à la main, notant les œuvres des
maîtres de tous les temps qui lui paraissaient le mieux carac-
tériser leur talent, venait souvent au Cabinet des estampes
consulter les collections précieuses qui y sont rassemblées,
et préludait ainsi à l'existence qu'il allait bientôt mener.
Une fois qu'il eut mis la dernière main au monument qu'il
avait construit autant par devoir et par reconnaissance que
par entraînement, une fois qu'il eut réglé tous les comptes
que cette construction avait entraînés, il remit entre les
mains d'un ancien collaborateur les travaux d'entretien qu'il
eût pu conserver, et déclara à tous ses amis qu'il ne serait
plus désormais qu'un architecte honoraire.

C'était vers 1863 que M. Armand prenait cette détermi-
nation formelle. Son instruction variée, ses manières bien-
veillantes et affables, plus encore que ses nombreux
travaux, l'avaient mis en rapport avec l'élite des artistes
et des amateurs de son temps : c'était dans ce milieu
aimable et intelligent que M. Armand entendait désormais vivre. Parmi les hommes avec lesquels il avait
tenu depuis longtemps un commerce d'intimité constante,
il en était un qui en était tout particulièrement digne ; un
talent de premier ordre, une aménité et une loyauté à toute
épreuve, telles étaient les qualités qui avaient rapproché
M. Armand de M. Henriquel. Là, dans ce milieu d'élite,
M. Armand rencontrait des hommes qui aimaient ce qu'il

aimait, qui admiraient ce qu'il admirait, qui parlaient la même langue que lui et qui avaient, comme lui, le culte du bien. Un lien plus cher encore rapprochait M. Armand de la famille Henriquel : il avait épousé le 25 novembre 1843 une jeune fille, excellente musicienne, qu'il adorait et qu'il perdit au bout de dix-huit mois de mariage. M. et madame Henriquel, voyant la douleur de leur ami, redoublèrent de prévenances pour lui, l'attirèrent de plus en plus dans leur intérieur, et, s'ils ne parvinrent pas à lui faire oublier celle qui n'était plus, ils lui rendirent la vie supportable en prenant part à son chagrin et en cherchant à lui rendre son isolement moins complet.

C'est également chez M. Henriquel que M. Armand fit la connaissance de M. His de la Salle, un des amateurs d'objets d'art les plus éclairés de notre temps. Amateur dans la véritable acception du mot, aimant toutes les œuvres d'art pourvu qu'elles fussent belles, se souciant fort peu de la mode ou de la valeur vénale qu'on y attachait, M. de la Salle laissera un nom dans l'histoire des arts de notre siècle, non seulement à cause de son goût délicat et sûr, mais encore à cause de la libéralité dont il a fait preuve en disposant de la plus grande partie de ses collections en faveur du Musée du Louvre. La maison de M. de la Salle était un centre où se réunissaient, au moins une fois par semaine, les amateurs désireux de s'instruire au contact du maître du logis et les artistes heureux de profiter des richesses de toute nature qui y étaient rassemblées. M. Armand devint bientôt un des hôtes les plus assidus de la maison: c'est là qu'il prit goût pour les dessins de maîtres et pour les médailles, et c'est de concert avec M. de la Salle

qu'il fit ses premières acquisitions. Il n'était pas une œuvre
d'art offrant quelque intérêt, dans quelque genre que ce fût,
qui, lors de son arrivée à Paris, ne fût signalée à M. de
la Salle, qui ne lui fût apportée si elle était transportable, ou
qu'il n'allât voir lorsque son poids ou ses dimensions s'op-
posaient à un déplacement facile. M. Armand accompagnait
M. de la Salle dans ses courses à la découverte des œuvres
d'art, profitait de l'expérience éclairée de son compagnon, et
lorsque M. de la Salle, pour un motif ou pour un autre, ne
songeait pas à faire entrer dans sa collection les œuvres de
valeur qui lui étaient soumises, il les recommandait à
M. Armand, qui se laissait facilement convaincre et qui, le
plus souvent, s'en rendait acquéreur. Peu à peu l'élève de
M. de la Salle, — c'est ainsi que M. Armand se désignait
lorsqu'il voulait indiquer les services que son ami lui avait
rendus, — acquit une expérience personnelle qui lui permit
de se passer d'un guide; sa réputation d'homme de goût ne
tarda pas à se répandre, et les possesseurs de dessins ou de
médailles, en quête d'un acquéreur, venaient aussi souvent
frapper à la porte de M. Armand qu'à celle de son ami.
M. de la Salle vieillissait d'ailleurs; ces réunions fréquentes
qui avaient fait sa joie pendant de longues années commen-
çaient à le fatiguer, et quelques amis intimes, parmi lesquels
figuraient en première ligne MM. de Triquetti, Armand et
P. Valton, avaient seuls désormais un accès quotidien chez
M. de la Salle. Le 28 avril 1878, M. de la Salle était enlevé
à l'affection des siens, laissant à tous ceux qui l'avaient
approché le souvenir d'un parfait galant homme et d'un
des amateurs les plus éclairés du dix-neuvième siècle.

Cette collection d'œuvres d'art, commencée à côté de

M. de la Salle, continuée par lui seul ensuite, intéressait vive-
ment M. Armand, qui aimait à avoir sous les yeux de belles
choses, mais elle n'occupait pas assez complètement sa vie.
Il avait, il est vrai, réuni, en même temps que des œuvres
originales qui garnissaient les murs de son appartement,
une collection unique de photographies exécutées d'après
les ouvrages des grands maîtres, peintres, sculpteurs ou
architectes de tous les temps et de tous les pays, et avait
constitué dans plus de deux cents portefeuilles une véritable
histoire de l'art qu'il a léguée au département des estampes
de la Bibliothèque nationale (1); mais la réunion de ces objets, la visite des musées, les voyages, la lecture ne suffi-
saient pas à remplir l'existence de ce travailleur infatigable
qui avait horreur du repos. Lorsque M. Armand avait
renoncé à sa carrière d'architecte, il était absolument nécessaire que l'artiste volontairement retraité se créât une
besogne qui, en répondant à ses goûts et à son perpétuel
besoin d'instruction, fût assez vaste pour remplir désormais
tous les moments de son existence. Le choix de M. Armand
s'arrêta sur une partie de l'histoire de l'art qui n'avait pas
encore été complètement explorée : la numismatique italienne aux quinzième et seizième siècles. Tout d'abord les
recherches de l'intelligent amateur portèrent sur les médailles rentrant dans cette catégorie, possédées par le cabinet
de France et par quelques amateurs de notre pays. Les col-

(1) Cette précieuse collection ne sera pas divisée; elle demeurera telle que
M. Armand l'a formée. Aussitôt que les formalités légales auront été remplies, elle sera reliée en reliure fixe et formera dans le département des
estampes un fonds nouveau. Un inventaire en sera dressé et publié de
façon à mettre les artistes et les amateurs à même de profiter de la géné-
reuse donation de M. Armand.

lections de MM. His de la Salle, P. Valton et G. Dreyfus
lui furent libéralement ouvertes; de son côté, M. Armand ne
laissa passer aucune occasion d'augmenter son médaillier
déjà fort riche : aussi devint-il promptement l'homme de
France le mieux informé sur une branche de l'art qui, faute
d'être bien connue, était un peu négligée parmi nous. Grâce
à l'affabilité de son caractère et à son érudition sûre, on ne
tarda pas à s'adresser de tous côtés à lui lorsque l'on était
en quête de renseignements sur quelque médaille italienne
des quinzième ou seizième siècles, et il s'aperçut bientôt que
les notes qu'il avait prises un peu partout, dans les musées
français ou étrangers qu'il avait visités, dans les collections
particulières qui lui avaient été ouvertes, dans sa propre
collection, dans les livres qu'il avait lus, la plume à la
main, formaient les éléments d'une histoire des médailleurs italiens à la belle époque de l'art. Cette histoire,
M. Armand l'avait écrite au jour le jour, sans se douter
qu'il faisait un livre, et lorsque les érudits auxquels il com-
muniquait libéralement le fruit de ses recherches l'eurent
convaincu de l'intérêt qu'il y aurait pour tout le monde à
voir imprimé ce volumineux manuscrit, M. Armand se
rendit à leur désir, non pas tant pour faire acte d'auteur que
pour permettre à ceux qui n'avaient pas accès auprès de lui
de profiter de son savoir et de tirer parti de ses découvertes.
Au mois de janvier 1879 paraissait à la librairie Plon un
volume intitulé : *Les Médailleurs italiens des quinzième et
seizième siècles.*

M. Armand fut le premier surpris du succès qu'obtint
cet ouvrage, qu'il avait composé pour son instruction personnelle et pour sa propre satisfaction. De tous côtés il

reçut des lettres dans lesquelles on lui signalait bien quel-
quefois des pièces qui lui avaient échappé, mais dans lesquelles on lui demandait le plus souvent des renseignements. Voyant que ce livre, qu'il ne considérait que comme
un essai, était aussi bien accueilli, il se remit au travail
avec une nouvelle ardeur, entretenant des correspondances
suivies avec tous les directeurs de musées, avec tous les col-
lectionneurs et avec les marchands, faisant exécuter des
moulages, faisant prendre la photographie des médailles
qui lui étaient signalées lorsqu'il ne pouvait pas les acqué-
rir, mettant tout en œuvre pour être bien informé et pour
renseigner sûrement les amateurs qui auraient recours à son
précieux manuel. Cette revision dura quatre années, pendant lesquelles M. Armand travailla sans relâche, et au milieu de l'année 1883 paraissait chez le même imprimeur
une nouvelle édition en deux volumes des *Médailleurs italiens.*

Dans cet ouvrage, qui est entre les mains de tous les gens
que l'art italien intéresse, M. Armand a donné sur chaque
artiste une notice aussi substantielle que possible; là où
les documents faisaient complètement défaut, il a indiqué
l'époque approximative de l'existence du médailleur en
s'appuyant sur les œuvres authentiques. A la suite de cette
notice plus ou moins développée, il a placé, en suivant
l'ordre alphabétique des noms des personnages, la descrip-
tion complète de chaque médaille, face et revers, en donnant
les dimensions exactes. Pour les médailles dont l'auteur est
demeuré inconnu, M. Armand a agi différemment. Afin de
rapprocher autant que possible les œuvres de la même époque
et du même style, il a classé chronologiquement ces mé-

dailles, en tenant compte de la ville ou de la contrée où elles
ont été exécutées. M. Armand, qui, comme travailleur assidu,
avait été à même de constater certaines lacunes regrettables
dans les ouvrages qu'il avait consultés, ne voulut pas qu'on
pût lui faire le reproche de ne pas avoir donné aux cher-
cheurs toute facilité pour rencontrer dans son livre ce
qu'ils désiraient y trouver. Aussi fit-il trois tables qui don-
nent satisfaction à tous les genres de recherches. La
première comprend la liste par ordre alphabétique des
médailleurs connus par leurs noms, par leurs initiales
ou par leur monogramme; la seconde mentionne, également par ordre alphabétique, les noms de tous les personnages représentés; une troisième table enfin, toujours par
ordre alphabétique, signale toutes les légendes inscrites au
revers des médailles et permet de retrouver facilement dans
l'ouvrage, n'aurait-on connaissance que de la légende, sur
quelle médaille elle est gravée, à quel personnage elle se
rapporte.

Cette seconde édition des *Médailleurs italiens* fut
accueillie avec la même faveur que la première. M. Armand reçut de toutes parts des félicitations sur la sûreté des
renseignements qu'il fournissait et sur l'abondance des infor-
mations nouvelles apportées par lui aux questions numisma-
tiques qu'il avait entrepris d'élucider. Une récompense à
laquelle M. Armand fut particulièrement sensible lui fut, en
outre, accordée. L'Académie des beaux-arts, dans sa séance
annuelle du 18 octobre 1884, décerna aux *Médailleurs italiens* un des prix fondés par M. Bordin pour encourager
les travaux importants sur l'histoire de l'art. En signalant
ainsi l'ouvrage de M. Armand à l'attention des artistes,

l'Académie avait entendu rendre hommage à un homme qui n'avait eu d'autre but en publiant ces volumes que de faire mieux connaître aux artistes et aux historiens des œuvres de haute valeur qui devaient les aider puissamment dans leurs études.

Ces sortes d'ouvrages, ces manuels à l'usage des amateurs, ne sont jamais terminés. Plus on creuse une question, plus on voit qu'elle est inépuisable. Le jour où la seconde édition des *Médailleurs italiens* fut imprimée, M. Armand, loin de cesser de s'occuper de son ouvrage, ne songea qu'à l'améliorer encore. Puissamment aidé par un ami qui mettait à l'obliger le dévouement d'un fils, il fit une revision minutieuse des deux volumes qui venaient de paraître, vérifia à nouveau chaque notice, contrôla toutes ses descriptions, consigna les découvertes qu'il avait faites lui-même ou que ses correspondants lui avaient signalées, et composa ainsi ce supplément qui parut l'année dernière et qui forme en réalité le troisième volume des *Médailleurs italiens*. Pendant que les imprimeurs travaillaient à la composition de ce volume, la santé de M. Armand avait été gravement compromise : ses yeux, usés par un travail incessant, lui refusaient à peu près tout service, et si cet ami dont nous avons parlé plus haut, M. Prosper Valton, n'avait pas pris le soin de corriger les épreuves de ce troisième volume, de rédiger les tables et d'aider perpétuellement M. Armand dans ce travail pour lequel l'exactitude matérielle est une condition absolue, il est plus que probable qu'il n'aurait jamais vu le jour et que ce complément si utile fût demeuré inédit. Malgré ce précieux auxiliaire, M. Armand s'était surmené pour terminer cet ouvrage, et, depuis le moment où

il donna le dernier bon à tirer, il ne lui fut plus possible
de rien faire. Les derniers mois de son existence furent un
long martyre; condamné à l'inaction, pouvant à peine
parler, et reconnaissant difficilement les amis qui venaient
s'informer de ses nouvelles, tant sa vue était affaiblie, il
attendait la fin de ses souffrances avec le calme d'un homme
qui a conscience d'avoir rempli sur la terre tous ses devoirs
et qui peut sans craintes d'aucune sorte affronter la mort.

Nous avons parlé des travaux d'architecture exécutés par
M. Armand, des collections qu'il réunit, de l'ouvrage auquel il attacha son nom; nous aurions incomplètement rap-
pelé à ses amis la vie de cet excellent homme, si nous ne
disions un mot de sa passion pour la musique. Très bon
musicien lui-même, il prenait un charme singulier à en-
tendre et à déchiffrer les partitions anciennes ou modernes,
aimant en musique, comme dans les autres arts, tout ce qui
était beau. Il ne manquait aucune séance du Conservatoire,
assistait aux meilleurs concerts qui se donnaient à Paris et fré-
quentait assidûment l'Opéra, l'Opéra-Comique et le Théâtre-
Lyrique. C'était là la seule distraction qu'il se permît, encore
voulait-il la partager avec ses amis. Au Conservatoire, il
avait depuis plus de vingt ans une grande loge dans laquelle
il conviait ses plus intimes, et pendant de longues années il
réunit chez lui, le lundi soir, un cercle d'artistes et d'amateurs devant lesquels MM. de Lanux, Hammer, Jacquart et
Maës jouaient des morceaux de choix empruntés aux maîtres
de tous les temps, depuis Beethoven jusqu'à Gounod.
M. Armand prenait plaisir à faire profiter les autres de ce
qui faisait sa joie. Son salon était ouvert à tous les amis
des arts, ses collections étaient libéralement mises à la dis-

position des érudits ou des artistes. Il était bon et généreux par nature. Aussi laissa-t-il après lui des gages précieux de sa libéralité. Il n'oublia pas plus ceux auxquels il devait de la reconnaissance qu'il n'oublia ceux qui étaient ses obligés. Chacun eut sa part dans son souvenir, et s'il chargea l'ami dévoué qui ne l'avait pas quitté un instant pendant la dernière période de son existence, qui l'avait aidé dans ses travaux, de distribuer les souvenirs qu'il attribuait à chacun, de continuer à faire le bien qu'il faisait lui-même, c'est qu'il avait reconnu en lui un noble caractère, une nature absolument désintéressée et un cœur fait à l'image du sien.

PARIS. TYPOGRAPHIE DE E. PLON, NOURRIT ET Cⁱᵉ, RUE GARANCIÈRE, 8.

PARIS

TYPOGRAPHIE E. PLON, NOURRIT ET Cie

RUE GARANCIÈRE, 8.